LA GUERRE

DOIT-ELLE ÊTRE ENTREPRISE

POUR OU CONTRE

LES TRAITÉS

DE 1814 ET 1815?

Par B. Sarrans jeune,

DIRECTEUR DES COMMUNES-COURRIER DES ÉLECTEURS, DÉCORÉ DE JUILLET.

DÉDIÉ AUX MEMBRES DE LA CHAMBRE DES DÉPUTÉS.

Paris.

CHEZ MESNIER, LIBRAIRE, PLACE DE LA BOURSE.

1831.

IMPRIMERIE DE SELLIGUE,
RUE DES JEUNEURS, N° 14.

Sarrans

LA GUERRE

DOIT-ELLE ÊTRE ENTREPRISE POUR OU CONTRE LES TRAITÉS DE 1814 ET DE 1815?

La plus inexorable des nécessités créées par la révolution s'accomplit. La guerre commence sur les bords de l'Escaut : où, quand et comment finira-t-elle? C'est ce que chacun se demande avec un sentiment mêlé d'effroi et d'espérance.

Dès le 7 août 1830, il était facile de prévoir l'issue obligée de ce grand procès entre la raison et la frénésie, l'esclavage et la liberté. Qui pouvait espérer qu'une monarchie née, en un jour, de la souveraineté du peuple; une monarchie fondée sur des principes destructifs des vieux dogmes de la légitimité, pourrait coexister long-temps avec elle?

Cette légitimité, démasquée et vaincue en France, réunit de nouveau toutes ses forces, pour livrer un dernier combat à la liberté. Elle prélude au renouvellement des conspirations, des excès et des calamités dont elle a déchiré la France et scandalisé l'Europe pendant quarante ans et plus.

Enfin le moment est décisif, pour la sécurité, la gloire, la prospérité future de la France; car il ne s'agit plus, il faut bien se le persuader, d'établir une constitution plus ou moins libérale, mais de briser l'édifice de juillet et d'élever sur ses ruines le régime odieux de la tyrannie d'un seul. En effet, si la révolution était vaincue une troisième fois, qui oserait rêver encore un gouvernement représentatif? N'y aurait-t-il pas délire à espérer que la légitimité, triomphante et raffermie, nous rendrait même ce semblant de liberté qu'elle nous ravissait insolemment, alors lorsqu'elle était ébranlée et sur le penchant de sa ruine : les ordonnances du 26 juillet seraient de la démocratie pure, du droit de l'homme en action, à côté de la constitution que nous rapporterait la Sainte-Alliance. La guerre était donc inévitable; le bon sens le disait depuis un an; la force des choses cemmence à le prouver.

Toutefois cette rupture, soudaine quoique prévue, ouvre un champ sans limites, aux conjectures de tous les partis. Les uns la considèrent comme la première étincelle de cette conflagration générale qui doit tot ou tard éclairer le triomphe des liberté européennes; les autres, et c'est le plus grand nombre; l'envisagent comme une misérable guerre de cabinet, ou plutôtcomme un simulacre de guerre entrepris dans le but de tromper l'ardeur de la révolution, et de consolider les traités de 1814 et 1815, en combattant pour leur dernière conséquence, les protocoles de Londres; il est enfin de imaginations épouvantées qui ne voient dans l'expédition des Pays-Bas que l'indice certain d'une grande et prochaine défection; cette dernière hypothèse est aussi un aliment précieux pour les espérances de la faction légitimiste qui se plaît aux prédictions funestes et à besoin, pour respirer, d'une atmosphère sinistre.

Que penser cependant au milieu de ce choc d'opinions, de vœux et de besoins contradictoires? Pour qui allons-nous faire la guerre? Pour qui notre or, notre sang, notre ardeur et nos frémissemens de liberté? Irons-nous user la puissance de notre révolution pour raffermir le monstreux édifice des traités; c'est-à-dire permettrons-nous qu'on se serve de nos mains pour déchirer nos entrailles? Ou bien la révolution, armée de la puissance, va-t-elle parcourir toute sa sphère, balayer devant elle les iniquités, les ignominies de la conquête, et faire sortir du choc immense *des deux principes*, le règne de la paix, de la justice et de la liberté? En un mot, la guerre doit-elle et peut-elle être faite pour changer de fond en comble le droit public européen?

Telle est la question que j'ai traitée il y a huit mois, non pas avec la fougue de l'imagination, qui se fourvoie toujours, mais avec le sentiment de la justice, qui ne ment point, et celui de la nécessité, qu'on n'évite jamais. Aujourd'hui la situation, quoique compromise par la politique du gouvernement, est la même en principe. MM. les députés me permettront donc de mettre sous leurs yeux l'esquisse dans lequel je me suis efforcé, au mois de janvier dernier, de rechercher quels étaient les intérêts et les devoirs d'un pouvoir appuyé sur une révolution, à l'égard des peuples qui, à notre exemple, veulent se purifier, par des révolutions, des souillures d'une autorité décrépite et méprisée (1).

Notre révolution de juillet, disais-je alors, a déjà été marquée par les événemens les plus prodigieux en tous genres. La formation d'une nouvelle maison royale élevée sans obstacle au milieu des débris du plus antique des trônes de l'Europe; l'Angleterre se repliant tout à coup sur elle-même, portant brusquement la hache à la racine de ses vieilles institutions, et s'efforçant d'étouffer, par des réformes domestiques et par la libéralité inattendue de sa politique extérieure, les germes de destruction qui la minent; la résurrection subite de la Belgique, développant, comme Hercule dès le berceau, des forces et une sagesse qui ne sont ordinairement pas le partage d'une nation qui ne fait que de naître à la liberté; l'Italie honteuse de sa dégradation et semée de conspirations demi-étouffées, demi-écloses, depuis les Alpes jusqu'au pied du Vésuve; le corps germa-

---

(1) Les propositions que je reproduis aujourd'hui ont déjà été traitées par moi dans deux numéros des *Communes-Courrier des électeurs*, sous le titre de *Situation générale*.

nique partout ému d'un sentiment irrésistible de liberté, réclamant impérieusement des changemens déjà réalisés depuis quinze ans dans ses mœurs et dans ses besoins; la Suisse secouant le joug d'une aristocratie républicaine, mais humiliante et despotique comme le sont toutes les aristocraties; enfin, la Pologne, hier encore réduite à rien, trouvant aujourd'hui un principe de vie dans ses profondes blessures, expulsant ses tyrans en une nuit, les écrasant dans vingt combats, et n'attendant qu'une main secourable, que dis-je?... un salut national, pour consommer sa résurrection, étonner et peut-être sauver l'Europe: partout des besoins plus sociaux encore que politiques, partout l'amour de l'ordre et de la justice, uni à la soif de la liberté; tels sont les phénomènes qu'à fait naître le soleil de juillet 1830.

En attendant le développement d'un avenir certain, mais subordonné dans sa marche à d'incalculables hasards, fixons précisément le point où nous en sommes, et voyons si la France a fait ce qu'elle devait faire pour adapter sa position aux circonstances nouvelles que la révolution a fait surgir autour d'elle.

Je remarque dans l'histoire des derniers mois, deux événemens principaux qui doivent détruire virtuellement le droit public européen, et changer de fond en comble la situation relative de la France à l'égard des autres puissances: je veux parler des révolutions de Belgique et de Pologne.

Ces deux mouvemens nationaux doivent-ils être dénaturés par les principes des traités préexistans? Sont-ils favorables aux intérêts de la France? Sont-ils nécessaires au bien-être de l'Europe? Sont-ils conformes aux lois éternelles de la morale, de la justice et de l'humanité? Enfin est-il de notre devoir, est-il en notre pouvoir d'en faciliter l'accomplissement?

Les traités! mais pour qu'ils servent de base aux lois fondamentales du droit public, il faut que ce droit ne soit point l'œuvre de la violence; il faut qu'il ne consacre point des agglomérations monstrueuses, des alliances contre nature, des rapports politiques indécis, discordans et précaires; il faut qu'il n'enchaîne point les peuples dans une position contrainte, fausse, ruineuse à l'égard les uns des autres; il faut enfin qu'il n'ait point pour but d'étouffer la dignité de l'homme dans le sein de tous les Etats qu'il régit.

Hors de ces conditions, les traités ne sont et n'ont jamais été que des charges sans compensation, des lois de dépendance qui n'obligent les opprimés qu'autant que les circonstances ne leur fournissent ni l'occasion ni les moyens de s'en affranchir.

Et puis, il vous sied bien d'invoquer la foi des traités, vous qui les avez toujours dénaturés par des règles d'exception, des modifications dérogatoires ou des violations absolues! L'histoire est là pour prouver combien l'autorité des traités fut toujours plus théorique qu'effective. Au milieu du dix-septième siècle, par exemple, le traité de Westphalie devait, au jugement de tous les publicistes, déterminer les obligations et les droits des puissances continentales, et assigner à chacune la place invariable qu'elle devait occuper à jamais dans l'échelle politique de l'Europe. Cela a-t-il empêché, que, sur cent quatre-vingt-douze ans qui se sont écoulés depuis cette époque mémorable, l'Europe n'ait été désolée par près d'un siècle de guerre, et que toujours la guerre n'ait été entreprise dans la vue d'échapper aux obligations imposées par les principes des traités? Quel cas l'Angleterre fit-elle du traité d'Amiens; l'Autriche, de tous ceux qu'elle conclut successivement avec la République, le Consulat et l'Empire; la Prusse, du traité de Presbourg et de Tilsit; la Russie, du dernier traité de Vienne qui stipulait pour la malheureuse Pologne, une existence nationale distincte et séparée de l'empire des Czars, et de larges institutions libérales qui lui ont été constamment, impitoyablement déniées?

Et c'est après avoir lacéré ou façonné aux calculs de votre ambition les principes des traités qui garantissaient tant d'intrusions et d'iniquités, des traités qui étendent encore la domination russe depuis la muraille de la Chine, jusqu'aux plaines de la Moravie, et aux portes de Breslaw; qui livrent à l'Autriche, à la Prusse, à l'Angleterre et à la Hollande, les richesses matérielles, les moyens financiers et les ressources morales de l'Italie, des provinces du Rhin, d'une partie de la Saxe, du Hanôvre et de l'Ionie, du Limbourg et du Luxembourg; c'est dis-je, après avoir violé la seule stipulation libérale de ce pacte inique, que vous en revendiquez et l'esprit et la lettre!

Arrière donc ce ridicule appel à la foi jurée. En ce cas, violation signifie redressement de torts, réparation d'injures, retour à la justice; car c'est une affreuse corruption du droit que de le faire servir d'instrument à l'oppression et à la ruine des autres.

Quiconque veut observer avec attention et sans préjugés les évènemens qui, depuis un an, agitent l'Europe, doit y reconnaître un ensemble de perturbations essentielles, qui déplace, modifie, ou dissout *légitimement* tous les rapports de patronage ou d'infériorité établis par les traités de 1814 et 1815.

C'est moins cependant une théorie nouvelle qui s'introduit en Europe, que l'accomplissement des promesses de tous les siècles, et le résultat des progrès de cette raison humaine qui s'attache aux choses plutôt qu'aux hommes; qui, faisant compte des affinités et des aversions de peuple à peuple, a pour objet de satisfaire des intérêts généraux, et qui ne brise les intérêts individuels que lorsqu'ils font obstacle aux besoins et aux avantages de tous. C'est, enfin, toute la distance qui sépare une conspiration d'un mouvement national. Des circonstances accidentelles peuvent retarder ou précipiter le triomphe de cette théorie : il n'est donné à aucune puissance sur la terre de la dompter ou de faire survivre long-temps encore les systèmes qu'elle veut anéantir.

Tout droit public qui ne repose que sur la conquête ou la fraude, n'est donc plus qu'une négation du juste et du vrai. Les nations sont rentrées dans la plénitude de leurs droits suspendus mais non prescrits; les intérêts du despotisme sont tombés devant l'intérêt puissant et commun des peuples. C'est d'après ce principe seul que l'Europe doit se reconstituer, et l'équilibre de l'occident s'établir désormais.

La régénération de la Belgique et de la Pologne est-elle favorable aux intérêts et à l'honneur de la France? Ici, il est impossible à un Français de détourner ses regards du douloureux spectacle de deux invasions étrangères. Ne crions point vengeance, mais demandons justice pour notre pays. On s'en souvient : les puissances de l'Europe ne faisaient la guerre, disaient-elles, qu'à un seul homme, et quand cet homme fut abattu sans retour, leur modération hypocrite fit place aux plus cruelles exigences. On condamna la France à perdre les conquêtes de Louis XIV; on viola ses limites, on découvrit ses frontières, on lui enleva ses places fortes; elle perdit Landau, Philippeville, Sarrelouis, Chambéry, Huningue (1); elle fut réduite à subir une occupation ruineuse; elle fut humiliée, écrasée sous le poids de sept cent millions de contributions militaires : jamais état n'avait autant perdu ni souffert à la fois!

Le moment est arrivé de réparer ces pertes qui sont des dangers permanens, d'alléger ces souffrances qui sont d'insupportables humiliations. La Prusse a un de ses bras à Thionville et l'autre à Memel; l'Autriche occupe tout l'espace compris entre le lac de Constance et les portes de Belgrade, le Tanaro et les frontières de la Turquie; les avant-postes russes sont sur

(1) Cette place importante, démantelée par ordre de la Sainte-Alliance, nous reste, mais plutôt comme monument de notre humiliation, que comme position militaire.

l'Oder d'où ils menacent l'Elbe et le Rhin; campés sur les versans des Alpes les bataillons austro-sardes sont à une marche d'Antibes, de Grenoble et de Lyon; l'Espagne et le Portugal, nuls dans le mouvement de liberté, peuvent, au besoin, étendre un front menaçant vers nos frontières du sud.

Dans cet état de choses, quelle garantie existe-t-il pour la France contre l'éventualité d'une coalition de la Prusse, de l'Autriche, de la Russie, du Portugal, de l'Espagne et du Piémont, si la France ne se fait aussi forte de ses alliances que de son propre poids? Ses alliés, à elle, ses alliés naturels ne sont point les grandes puissances; ce sont les États dont elle a embrassé la défense depuis la guerre de la réformation; ce sont les Belges, les Suédois, les Polonais, les Danois, les membres indépendans de la famille allemande, les Italiens, les hommes libres de tous les pays. Le triomphe de leur cause peut seul couronner l'œuvre de juillet, donner de la majesté et de la durée à notre révolution. La France n'a pas besoinsans doute de nouvelles conquêtes; mais il faut qu'elle ait autour d'elle et loin d'elle des amis qui soient libres; il faut enfin que la fortune, si soudaine dans ses retours, ne puisse point la surprendre, ouverte à la première agression.

Je le dis sans détour : les révolutions belge et polonaise étaient le complément nécessaire de la nôtre. Placés aujourd'hui entre l'alliance de ces peuples héroïques et les antipathies féodales des cabinets, il ne nous est plus permis d'hésiter; car si, étant sortis d'une révolution, nous récusons les révolutions analogues, nous nous renions nous-mêmes, et alors notre ruine, plus ou moins prochaine, ne devient plus qu'une question de temps et d'opportunité. Hâtons-nous donc de répudier ce régime mixte, indécis et bâtard, qui a l'air de demander merci pour la grande semaine, merci pour le grand peuple.

J'ai établi, et, je crois, suffisamment prouvé, que, la révolution de juillet consommée, il n'a plus existé de droit public pour l'Europe; que cet événement a détruit tous les systèmes résultans de quinze années d'imprévoyance et de servitude d'un côté, d'aveuglement et d'oppression de l'autre ; que l'Europe est aujourd'hui dans la nécessité absolue de se créer un nouveau code politique dont les bases, sorties des nécessités actuelles, servent de sauve-garde aux uns, de contre-poids aux autres, de règle à tous.

J'ai dit, enfin, que ce n'est point de liens fortuits, ni de combinaisons incertaines et partielles, que se forment les rapports qui existent entre les États, mais bien de cet accord d'intérêts défensifs, de ce besoin mutuel d'assistance, de cette parité de position qui recommandent l'usage constant de la même surveillance contre les projets et les prétentions des mêmes ennemis. En d'autes termes, ma pensée a été celle-ci : La base la plus solide de la liberté d'une nation est la liberté de toutes celles qui l'entourent; le gouvernement représentatif est une vaste organisation qui a une vie générale et des intérêts généraux qui ne peuvent recevoir d'atteintes partielles sans que l'ensemble ne s'en ressente, n'en souffre, n'en périsse.

Hors de ces données, la liberté n'a qu'une existence incertaine, précaire et changeant de fortune à chaque entreprise de l'ambition, à chaque attentat de la force contre la faiblesse.

Appliquons ces doctrines à la situation actuelle de la France; et prouvons qu'en laissant écraser la Pologne, que ses principes politiques et le soin ultérieur de sa préservation lui font une loi de protéger; en permettant l'avilissement de la Belgique, que ses principes, ses intérêts et les simples rapports de voisinage lui prescrivent de défendre, le gouvernement de Louis-Philippe annoncerait hautement sa dégradation et travaillerait à sa propre ruine; ruine prochaine, ruine inévitable.

Et d'abord, il faut le dire sans artifice de langage, ce n'est jamais impunément qu'un gouvernement échange de grands souvenirs de puissance et d'équité nationale contre une soumission abjecte. Or les amis et les ennemis du trône nouveau se rappellent que la France n'abdiqua jamais le plus noble des droits qu'elle tient de la notoriété de sa prépondérance ; le droit d'être l'égide et la sauve-garde des nations opprimées.

A remonter à l'origine du droit fédératif européen, on la voit s'opposer aux projets de domination de la cour de Rome, sur tous les États chrétiens; mettre un frein au développement des forces vénitiennes qui menaçaient d'appauvrir les nations littorales de l'Europe; se faire l'âme de la coalition formée pour arrêter l'essor effrayant de la maison d'Autriche; catholique et monarchique, embrasser la défense du protestantisme et de l'insurrection philosophique; choisir ses alliés parmi les seuls peuples libres qui existassent en Europe, et unir, en tout temps, à la cause de ses intérêts, celle des nations faibles et opprimées.

Telle fut la France sous le gouvernement dégénéré de ses rois, au temps des convulsions de la république, aux jours de gloire de l'empire : toujours, après la victoire, des preuves de justice et de modération. Aurait-elle changé de rôle en changeant de gouvernement, et le servilisme lui serait-il échu en partage avec la monarchie de Louis Philippe? C'est impossible : le caractère d'un grand peuple, son honneur, ses destinées, ne virent point ainsi de bord en un seul jour, ni au gré de quelques hommes.

Et qu'on ne nous parle plus de vues d'agrandissement et d'esprit de conquêtes. Il faut distinguer entre la France de la révolution de la France napoléonienne. La France de la révolution porta ses armes dans tous les pays ; elle triompha partout ; elle conquit la paix pour elle, et souvent la liberté pour les autres; mais les traités déposent de sa justice, de sa longanimité, et trop fréquemment de son imprudente générosité envers ses ennemis. La France impériale, faisant et défaisant des rois, et plantant son étendard sur toutes les capitales, au gré d'un soldat heureux, n'était point la France, c'était l'armée de Buonaparte infidèle à la révolution, et rentrant à pleines voiles dans le système de la vieille Europe. Et puis encore, on l'a dit avant moi : *La révolution combattait aussi nécessairement pour la défense de ses principes à Austerltz qu'à Jamnape, à Waterloo qu'à Fleurus.* Cette vérité résume toute la situation actuelle de la France.

Après tout, quelle est cette situation à l'égard des autres puissances? Examinons; car c'est dans cet examen que réside toute la question actuelle.

Après avoir soutenu une guerre acharnée contre tous les États de l'Europe, après avoir porté ses armes en Espagne, dans les Pays-Bas, en Italie, au sein de l'Allemagne, au cœur de la Russie, la France ne réclama pour elle d'autre accroissement de territoire que celui qui était nécessaire à la défense de ses frontières; depuis la pacification générale, elle a abandonné même les provinces dont son territoire s'était accru depuis 1648, et pour lesquelles elle avait donné de surabondantes compensations. L'Autriche, au contraire, s'est agrandie et établie en même temps en Allemagne, en Pologne, en Turquie et en Italie; elle a acquis de riches moyens de navigation intérieure, des ports et un commerce maritime. La Prusse, État essentiellement secondaire, s'est élevée au rang de puissance du premier ordre, et, du Niémen jusqu'au Rhin, elle possède des enclaves au sein de tous les États, et jusque dans les provinces héréditaires de la France.

La Russie, qui n'existait pas lorsque la France était la première puissance de l'Europe, s'est étendue sur tous les points de sa vaste circonférence, et, par une suite de son système d'envahissement sans terme, tantôt à l'est, tantôt à l'ouest, tantôt au midi; par son intervention dans des débats qui sous aucun rapport ne pouvaient l'intéresser; par son accession dans la guerre de sept ans, sa campagne de l'an 7 en Suisse et en Italie, ses attaques contre la Turquie et la Suède, ses intrigues en Danemarck et en Hollande, elle a réduit les États de l'Europe à n'être plus en guerre que par son impulsion, en paix que par sa tolérance.

Telle était la situation respective de la France et des grandes puissances du continent, au moment où les événemens de juillet ont déplacé les élémens d'un état de chose illusoire par sa nature, ses motifs et l'incompatibilité de ses tendances opposées.

La Belgique, affranchie par le seul fait du succès de sa résistance, est le premier état qui s'offre à notre alliance, avec des intérêts communs et une opinion publique formée des mêmes impressions de liberté, de courage et de confiance. Je ne veux point apprécier les motifs de cette incroyable pusillanimité, qui empreint de son cachet toutes les négociations que notre gouvernement poursuit, en tremblant, au sujet de ce beau pays : il est des choses dont un bon Français doit rougir en secret. Mais, quel que soit le roitelet que la diplomatie a jeté à la tête des Belges, quelle que soit la forme de gouvernement qu'on daignera en définitive octroyer à leur *liberté illimitée*, je dirai au ministère français que la France ne peut se sauver qu'en rentrant franchement, hardiment et sans délai, dans le système traditionnel de ses anciennes alliances, ou, pour m'exprimer plus nettement, dans le système fédératif de la république. La Belgique, la gauche du Rhin, la Suisse, la Savoie et le comté de Nice, voilà les bases du système continental que nous prescrit la nécessité de pourvoir à notre sûreté future et de rétablir l'équilibre que la lâcheté d'un gouvernement dégénéré a laissé rompre. Plus tard, et par un développement nécessaire de ce grand et beau système fédératif, de ce juste et redoutable système de guerre, notre pays retrouvera dans la Hollande, la Ligurie, la Porte, les États barbaresques, Naples, le Portugal, le Danemarck, la Suède et les États-Unis, les bases de son ancien système maritime, le seul compatible avec les véritables intérêts de sa puissance continentale et de son commerce.

Avec ses provinces fertiles en toute espèce de produits, ses frontières qui la mettent en communication avec toutes les nations, ses ports qui lui ouvrent un accès sur toutes les mers, sa possession d'Afrique qui promet de nombreux consommateurs à son industrie, sa population agricole, industrieuse et guerrière qui lui garantit tous les genres de prospérité, la France ne doit plus fonder sa politique sur des hypothèses ou des débris dispersés. Tous ses établissemens des deux Indes ne valent pas pour elle la liberté de la Belgique, et j'échangerais volontiers son luxe indigent de colonies contre l'indépendance de la Pologne.

Les Français sont, comme tous les Européens, intéressés à protéger la révolution de gouvernrment qui vient de s'opérer en Pologne; car si cette barrière était brisée par les Russes, si d'un seul mot ils pouvaient opérer le démembrement de la Prusse par la séparation de la partie polonaise, c'en serait fait de l'Occident; le Nord se ruerait sur le Midi, et Dieu sait ce qu'il faudrait de sang pour tirer de ses mains l'Allemagne mutilée. Mais de tous les États de l'Europe, celui à qui l'indépendance de la Belgique importe le plus, c'est la France. C'est en Belgique que sont ses premiers moyens d'attaque et de défense contre les irréconciliables ennemis de sa révolution; placés aux portes de ce pays, nous devons donc nous faire des auxiliaires de tous ses moyens, de toutes ses antipathies, de toutes ses affections, et dissoudre, s'il le faut, les armes à la main, toutes les alliances contractées au mépris de ses droits et des nôtres.

Vous ne voulez point, dites-vous, compromettre sérieusement la paix de l'Europe. Mais n'est-il point évident, comme la lumière du ciel, que les puissances auxquelles vous prostituez la vie et la majesté de la révolution, vous ont mis hors la loi des vieilles monarchies, et qu'il vous est humainement impossible d'éviter cette guerre à laquelle vous les enhardissez par votre timidité? Lorsque votre indécision, vos mépris, votre incapacité, auront épuisé le courage et l'obstination patriotique des peuples, éteint l'impulsion révolutionnaire en France, et allumé contre notre lâcheté la colère de tous les hommes libres, pensez-vous que vous aurez conjuré l'orage que vous laissez se former sur vos têtes? Pensez-vous que la légitimité pardonnera plutôt aux produits qu'aux auteurs de la révolution, et que vous ne serez pas brisés tous ensemble? Aujourd'hui, en politique, pour être ingrat et inepte impunément, il faut être légitime et puissant, et vous n'êtes ni l'un ni l'autre.

La guerre générale contre les hommes et les choses de juillet est imminente; la victoire seule servira de titre pour ou contre eux. C'est au gouvernement à juger jusqu'à quel point les intérêts les plus chers de la patrie, la raison, la justice, l'humanité, lui permettent de répudier les chances de succès qui s'offrent à lui. C'est aux ministres à voir si, en jouant aux soldats sur l'Escaut au lieu de faire la guerre sur le Rhin, ils nous épargnent plus de maux en août qu'ils ne nous en assurent en janvier, et si, absorbés dans leurs petites spéculations éphémères, ils n'ont pas déjà trop méconnu l'intérêt le plus général, le plus vif, le plus pressant que le cours des choses ait présenté au genre humain depuis la civilisation.

Il ne reste que cette alternative : la révolution de juillet sera ou le rédempteur de la liberté du monde, ou une convulsion pareille à celles qui déshonorèrent les derniers siècles de l'empire romain. C'est aux ministres du Roi à en déterminer le caractère, et à mesurer la responsabilité qui plane sur leur tête; car la responsabilité des ministres et même celle des rois ne sont plus de vains mots : voyez plutôt le *Ham* et *Holyrood*.

www.ingramcontent.com/pod-product-compliance
Lightning Source LLC
Chambersburg PA
CBHW061810040426
42447CB00011B/2575

* 9 7 8 2 0 1 9 5 8 1 9 5 4 *